ammann

Thomas Hürlimann

DAS LIED DER HEIMAT

Stück

Ammann Verlag

Für diese Buchausgabe:
© 1998 by Ammann Verlag & Co., Zürich
ISBN 3-250-10390-X

Für Werner Düggelin

I
AUF DEM SONNENBERG

PERSONEN: Der Dichter Gottfried Keller
Der Ober
Viktoria, eine Schauspielerin
Hermine, ihre Freundin
Der Souchef
Ein Garçon
Hotelgäste

Am Abend des 18. Juli 1889.
Auf der Terrasse des Grandhotels Sonnenberg,
hoch über dem Vierwaldstättersee.
Gottfried Keller – der Dichter – sitzt in einem
Korbstuhl. Der Ober steht.

(Aus dem Hotel Klavierspiel. Der Dichter trinkt.
Aus der Tiefe das Tuten eines Dampfers.)

Zwei junge Frauen eilen über die Terrasse, Viktoria und Hermine.

HERMINE Liebst du ihn?

VIKTORIA Aber ja!

HERMINE Wirklich?

VIKTORIA Aber nein!

(Beide lachend ab.)

DER OBER *(mit einem Plaid.)* Sie erlauben?

(Der Ober legt das Plaid um die Beine des Dichters. Dann zündet er eine Laterne an. Nochmals das Tuten des Dampfers. Fern tönt ein Alphorn.)

DER OBER *(räuspert sich in seinen weißen Handschuh hinein.)* Noch einen Wunsch, mein Herr?

DER DICHTER Ich bin froh, daß mich die Flöhe der Leidenschaft nicht mehr jucken.

DER OBER Bitte?

DER DICHTER Nichts. Nichts.

(Er lächelt.)

Heute läßt mich der Vogel in Ruhe.

DER OBER Was für ein Vogel?

DER DICHTER Die Schwermut.

(Stille.)

DER DICHTER Der See.

DER OBER Schön.

DER DICHTER So pflegt Böcklin zu malen.

(Stille.)

DER DICHTER Böcklin. Der Maler der Toten-
insel.

(In der Tiefe setzt Glockenläuten ein.)

Viktoria und Hermine.

VIKTORIA (ruft ins Innere.) Hubert, kommen
Sie! Hubert!

HERMINE Ich glaube, der Herr Direktor haben
noch an der Bar zu tun.

VIKTORIA Hol die Herren heraus! Sag ihnen, daß
die Berge brennen. Höhenfeuer! Da! Dort
auch!

HERMINE Mein Gott, wie schön!

VIKTORIA Auf allen Gipfeln!

HERMINE Du darfst dich nicht erkälten, Viktoria.

VIKTORIA Am Höhenfeuer?

HERMINE Übermorgen spielst du die Maria
Stuart.

VIKTORIA Für die Luzerner.

HERMINE Der Herr Direktor muß dich sehr,
sehr gern haben.

VIKTORIA Mein Hubert? Er wird mit seinen

Aktionären in der Loge sitzen. Und seine Gemahlin, diese Schildkröte, ist ebenfalls dabei.

HERMINE Er schenkt uns diesen Abend. Ach, Viktoria, ich bin ja so glücklich!

VIKTORIA Arbeit, mein Kind. Die Stuart bekommt man nicht umsonst. Komm, Hubert spendiert uns eine Schokolade.
(Viktoria enteilt, Hermine folgt ihr, beide ins Hotel ab.)

DER DICHTER Nimmt mich bloß wunder, was diese Idioten wieder zu feiern haben!

DER OBER Ein Dichter soll siebzig werden.

DER DICHTER Wie bitte?

DER OBER Ja, kaum zu glauben, leider die Wahrheit. Mit diesem Aufwand an Holz, Feuer und Geläute wird ein gewisser Keller, Gottfried, Dichter aus Zürich, zum Siebzigsten geehrt und gefeiert.

DER DICHTER So.

DER OBER Reichlich übertrieben.

DER DICHTER So.

DER OBER *(hämisch.)* TRINKT, O AUGEN, WAS DIE WIMPER HÄLT, VON DEM GOLDNEN ÜBERFLUSS DER WELT! Der Vers hat heute morgen in allen Zeitungen

gestanden. TRINKENDE AUGEN! HAL-
TENDE WIMPERN! Also ich bitte Sie, das
ist doch – –

DER DICHTER Ja?

DER OBER Lyrik.

(*Er nimmt die leere Flasche vom Tisch.*)

Noch eine?

DER DICHTER Ja.

DER OBER Kein schlechter Tropfen.

DER DICHTER Ja.

DER OBER Ein ausgezeichneter Tropfen.

DER DICHTER Deshalb sauf ich ihn.

(*Der Ober ab.*)

DER DICHTER »Trinkende Augen« … doch, das
geht. Die »haltende Wimper« allerdings…

(*Er knurrt.*)

»Haltende Wimpern«!

(*Er schüttelt sein Haupt.*)

Wimpern… Haltende…

(*Er nimmt seine Brille ab, versucht die Wim-
pern im Brillenglas zu beobachten.*)

Bleib mir bloß vom Genick, Vogel. Laß mich
wenigstens heute in Ruhe. An meinem sieb-
zigsten Geburtstag.

Der Ober, mit der Flasche.

DER OBER Er ist hier!

DER DICHTER Wer?

DER OBER Dieser Lyricus!

  (Er öffnet die Flasche.)

  Unter falschem Namen abgestiegen! Da sieht man's wieder. Eine typische Künstlerlaune! Selbstverständlich darauf bedacht, daß man ihn früher oder später erkennt.

DER DICHTER Das glaub ich weniger.

DER OBER Aber ich! Ich kenne diese Typen. Eitel vom Scheitel bis in die Zehenspitzen.

Der Souchef.

DER SOUCHEF *(aufgeregt.)* Weg mit dem Kerl!

DER OBER Monsieur Souchef?

DER SOUCHEF Mit dem Knurrhahn im Korbsessel! Weg mit ihm! Sind Sie taub? Er muß verschwinden! Mein Gott, und die Lampions! Warum hängen die Lampions noch nicht? Alles illuminieren, Wendelin, und zwar tout de suite!

DER OBER Sofort, Monsieur Souchef.

DER SOUCHEF Man dürfte ihn bereits gefunden haben.

DER OBER Wen?

DER SOUCHEF Den Jubilar, Sie Trottel, diesen
schrecklichen Tintenhelden! Lesen Sie keine
Journale? TRINKT O AUGEN, WAS DIE
WIMPER HÄLT, VON DEM GOLDNEN
ÜBERFLUSS DER WELT! Schauerlich, Wen-
delin, schauerlich! Und so einer wird National-
dichter. Aber bitte, wir haben schon Schlimme-
res überstanden. Sobald sie ihn entdeckt haben,
will ihn die Direktion auf die Terrasse geleiten.
TRINKENDE AUGEN! HALTENDE WIM-
PERN! GOLDENER ÜBERFLUSS!
(Ab.)
DER OBER War übrigens ein alter 48er.
DER DICHTER Hä?
DER OBER Der Jubilar.
(Er gibt zum Probieren.)
Bittesehr.
(Keller probiert.)
DER OBER Mißmutige alte Bartgeier, die Herren
Ex-Revolutionäre. Wettern gegen die Grand-
hotels und die Eisenbahn. Und wissen Sie, was
das Schlimmste ist?
(Der Ober hat ihm eingeschenkt, Keller trinkt.)
DER OBER Die saufen den Wein wie das Braun-
vieh Wasser. Beamter?

DER DICHTER Ich?

DER OBER Mit der Zeit, wissen Sie, bekommt man einen Blick für seine Gäste. So still sitzen nur Beamte.

DER DICHTER Aha.

DER OBER Und Landschaftsmaler. Die sitzen, um ins Innere der Welt zu schauen. Konzentration, verstehen Sie? Bei den Beamten hingegen ist das Sitzen Gesinnung. Hauptsache, es bewegt sich nichts.

(Er schnippt einen Garçon herbei.)

Der Garçon.

DER OBER Die Leiter.

(Der Garçon ab.)

DER OBER Wir Kellner sind da von anderer Statur. Stehberufler – wie Kapitäne oder Generale. Aus Zürich?

DER DICHTER Ja.

DER OBER Dann werden Sie ihn ja kennen. Den Dichter, meine ich. Obwohl –

DER DICHTER Ja?

DER OBER Kunst und Beamtentum verträgt sich nicht.

Der Garçon bringt die Leiter und die Lampions.

DER OBER Wir müssen illuminieren, und zwar tout de suite! Allez hopp! Anzünden und aufhängen!

GARÇON Der Souchef ruft!

DER OBER Hiergeblieben!

GARÇON Der Dichter kommt!

(Er ruft ins Innere:) Bin schon da, Monsieur Souchef!

(Ab.)

DER OBER *(steht mit dem Lampions.)* Würden Sie mir helfen?

DER DICHTER Hä?

DER OBER Gleich kommt der Dichter!

DER DICHTER Ich bin ein alter Mann.

DER OBER Sie könnten wenigstens die Leiter halten.

(Der Dichter arbeitet sich aus dem Korbsessel, hält die Leiter.)

DER OBER Irgendwo dort oben muß ein Draht sein.

DER DICHTER Hm.

DER OBER Und alles für diesen alten Tintenfex!

Der Souchef.

DER SOUCHEF *(in größter Eile.)* Was ist mit den Lampions? Warum hängen die Lampions noch nicht?! In zwo Minuten geht's los, Wendelin! In einer Minute dreißig Sekunden!

DER OBER Monsieur Souchef –

DER SOUCHEF Keine Diskussionen, Wendelin! Nicht jetzt! Ich finde ihn ebenfalls schauerlich, geradezu unsäglich! Aber er ist hier, und – mon dieu! – in knapp einer Minute wird er hier draußen mit einer Ovation geehrt!

DER OBER Monsieur! –

DER SOUCHEF Die Lampions, Sie Ignorant! *(Ab.)*

DER OBER *(blickt nach oben.)* Sind Sie schwindelfrei? Ich bin es nicht, offen gestanden.

Viktoria und Hermine kommen aus dem Hotel.

VIKTORIA Glaubt man, man kann sich alles erlauben? Glaubt man, weil man eine Eisenbahn hat und an jedem Finger zehn Aktionäre, man kann mich nebenher behandeln?

HERMINE Viktoria!

VIKTORIA Glaubt Ihre Hoheit, wenn man uns mit Rebhuhnpastete füttert –

HERMINE …und mit Astrachaner Kaviar!

VIKTORIA …man hätte seine Schuldigkeit getan?!

HERMINE Du vergißt die Maria Stuart, Viktoria. Der Herr Direktor legt dir Luzern zu Füßen.

VIKTORIA Ph! Luzern! Als ob ich auf Luzern angewiesen bin! So ein Ungeheuer!

HERMINE Ich habe nichts bemerkt. Hat er dich in kompromittierender Weise berührt?

VIKTORIA Seine Durchlaucht ist aus Eisen. Wie seine Eisenbahn.

HERMINE Bittebitte sag mir, was dich dermaßen entrüstet! Sag es deiner »Schwester«!

VIKTORIA Er ist es.

HERMINE Wer… Was…

VIKTORIA Bist du blind, Herminchen? Der Mann, der mit Hubert über Finanzgeschäfte parliert – das ist er!

HERMINE Ich falle in Ohnmacht, Viktoria. Dieser imposante Schädel..?

VIKTORIA Mit den graumelierten Schläfen!

HERMINE …ist der Jubilar..!

VIKTORIA Gottfried Keller.

HERMINE Mit deinem Direktor an der Bar..!

VIKTORIA Und er denkt nicht daran, mich dem Dichter vorzustellen! Er hält mich für ein junges frisches Gänschen. Weißt du, daß ich meinen Ofen mit Billetdoux geheizt habe? In Olmütz konnte ich kaum die Garderobe betreten – alles voller Kamelien! Dieser Esel von Eisenbahnkönig! Da könnte man sich endlich mit einem Dichter unterhalten, aber nein, Ihre Durchlaucht behalten ihn ganz für sich.

HERMINE Seine Aura, Viktoria – ich habe es förmlich gerochen: Er ist es. Ihm leuchten die Gipfel. Ihm läutet die Heimat.

VIKTORIA Und Hubert übergeht uns. Hermine, wir reisen!

HERMINE Jetzt? Mitten in der Nacht?

VIKTORIA Spätestens morgen früh.

(Beide ins Hotel, ab.)

DER OBER *(nach oben blickend.)* Es ist eine tiefsitzende Abscheu vor Abgründen. Sie kann ich auch nicht bitten – in Ihrem Alter!

DER DICHTER Geben Sie her!

(Der Ober hält die Leiter, und der Dichter, mit den Lampions, steigt hoch.)

DER OBER Geht's?

DER DICHTER Festhalten!

DER OBER Haben Sie gehört? Sogar Souchef

Müller findet ihn schauerlich. Vorsicht!
(Während die Lampiongirlande entsteht:)

DER DICHTER Verkehrte Welt!

DER OBER Sagten Sie etwas?

DER DICHTER Immer läuft alles verkehrt!

DER OBER Was?

DER DICHTER Alles!

DER OBER Verkehrt?

DER DICHTER Ja!

DER OBER Was soll dort oben verkehrt laufen? Sie brauchen nur diese Lampions aufzuhängen!

DER DICHTER Zeit meines Lebens bin ich wie ein Köter um die längsten Weiber herumgestrichen. Zeit meines Lebens habe ich Feiern gehaßt! –

DER OBER He, was knurren Sie da oben herum?

DER DICHTER *(schaut ins Land hinaus.)* Eigentlich ist sie doch richtig!

DER OBER Was?

DER DICHTER Die »haltende Wimper«!

DER OBER Das ist mir ein Kauz..!

DER DICHTER Schaut man in die Tiefe, möchte man die Augen am liebsten schließen…

DER OBER Beeilung, Monsieur!

DER DICHTER Da muß sie in der Tat gehalten werden!

DER OBER *(an der Leiter.)* Ich halte sie ja!

DER DICHTER Nicht die Leiter!

DER OBER Was denn sonst?!

DER DICHTER Die WIMPER!
   (Er zieht die Girlande auf.)

DER OBER Wenn es nach mir ginge, würde für diesen Wörterich kein Finger gerührt.

DER DICHTER Ganz Ihrer Meinung.

Viktoria und Hermine kommen aus dem Hotel.

HERMINE Logieren hier oben immer so viele Künstler?

VIKTORIA Die Kunst und die Hochfinanz. Allerdings ist Gottfried Keller kein Stammgast, ich weiß es vom Souchef. Zweite Garnitur, Hermine, fürs Theater hat er nichts zustande gebracht.

HERMINE Alle wollen ihm huldigen.

VIKTORIA Beim großen Schiller-Jubiläum ist da unten die ganze Flotte aufgefahren, samt Bundesrat in corpore! *Das* war eine Feier!

DER OBER Friedrich von Schiller war ja auch ein Dichter, meine Damen.

VIKTORIA Wem sagen Sie das!
(Sie tritt an die Brüstung und rezitiert:)

Es donnern die Höhen, es zittert der Steg,
Nicht grauet dem Schützen auf schwindlich-
tem Weg,
> Er schreitet verwegen
> Auf Feldern von Eis,
> Da pranget kein Frühling
> Da grünet kein Reis;
Und unter den Füßen ein neblichtes Meer,
Erkennt er die Städte der Menschen nicht
mehr,
> Durch den Riß nur der Wolken
> Erblickt er die Welt,
> Tief unter den Wassern
> Das grünende Feld.

*(Über der Terrasse leuchtet nun die Lampion-
girlande. Keller steigt ab.)*
DER OBER *(zu Keller.)* Danke.
(Er stellt Kellers Flasche auf ein Tablett.)
Sie können im Salon weitertrinken.
DER DICHTER Ja.
DER OBER Gehen wir.

Der Dichter Herr Ober: Woher weiß die Direktion, daß er hier ist? Sagen Sie mir das! Wie kommt es zu diesem Auflauf?

Der Ober Durch die hohe Landesregierung.

Der Dichter Was?!

Der Ober Um 18 Uhr ist ein Telegramm eingetroffen, adressiert an Monsieur Gottfried Keller, zur Zeit Grandhotel »Sonnenberg«.

Der Dichter Die hohe Landesregierung!

Der Ober *(leise.)* Die wissen alles. Haben überall ihre Agenten. Aber pst, Monsieur, ich habe nichts gesagt, kein Wörtlein!

Der Dichter Dieser Staat ist noch keine fünfzig Jahre alt, noch keine Fünfzig! Und bereits funktioniert das Spitzelsystem so perfekt wie beim Zaren! Zum Kotzen!

Der Ober Vorsicht!

Der Dichter Zum Kotzen! Und eins kann ich Ihnen sagen, Herr Ober: Ich denke nicht daran, von den dummen Lobsprüchen dieser Herren überfallen zu werden. Deshalb bin ich hierhergeflüchtet. Ich wollte keine Lobhudeleien, keine Reden, keine verlogenen Hurras. Zerreißen Sie das Telegramm! Der Staat, den wir gemeint haben, wir 48er, ist liberal. Ist revolutionär. Läßt jeden denken und sagen und schreiben, was er will! Ist das klar? Wir sind nicht auf die Barrikaden geklettert und, was noch schwieriger war, durch die Bureaus und Schreibstuben gegangen, um am Schluß unseres Lebens von Polizei-Spitzeln verfolgt zu werden. Unser Ziel war die Freiheit, Herr Ober. Ein liberaler Staat. Eine echte Demokratie. Und was ist aus unseren Idealen geworden? Eine Festhütte! Jeder Anlaß zum Feiern, und ist es ein alter Schreibknecht, wird am Schopf gepackt, aus seiner Ruhe gelupft und mit verlogenem Eifer angebetet! Höhenfeuer, wohin man blickt! Lächerlich, Herr Ober, ein Festschwindel! In den Kontoren lagern Raubgelder, Ferkelkrösusse und Schlauköpfe prellen das Volk um Kapital und Zinsen, und wiewohl alle tun, als würden sie die Posten von Soll und Haben hübsch verbuchen, als seien Aktien auf Treu und Glauben erworben, ist auch das ein Schwindel. Festschwindel und Kapitalschwindel! Ha, und erst die Politik! Was wahre Staats- und Gesellschaftsfreunde geschaffen haben, ist von Ober-, Mittel- und Unterstrebern längst verbogen worden, die

Phantasie zerfloß in Trübseligkeit, die Herren Revolutionäre grüßen als Sonntagsspaziergänger, und die Herren Volksvertreter schachern im Halbdunkel von Bierstuben um Ämtlein und Sitzungsgelder. Ja, es könnte einem schwindlig werden ob all dem Schwindel, ob der Gleisnerei dieser Mucker und Pharisäer! Ich kann das Wort Republik nicht mehr hören. Ich beantrage, es werde Abend über unserem Land, es nachte ein, und weiterlodern – weiterlodern sollen einzig die Feuer, die Höhenfeuer, aufdaß die Festhütte von Flammen gefressen werde, Sodom und Gomorrha über dieses Goldgrüblein, Pech und Schwefel, Friede und Asche über eine Republik, die nur noch ein Basar ist, ein Kapitalistenkontor, Flammen heraus, Flammen heraus…!

DER OBER Ich hab es gewußt. Ich habe es die ganze Zeit gewußt. Sie sind es…!

Der Souchef, in heller Aufregung.

DER SOUCHEF Wendelin, schaffen Sie endlich diesen Säufer beiseite!

(Der Ober gestikuliert wild. Er will dem

24

Souchef klarmachen: er da, der Säufer, ist der Dichter.)

DER SOUCHEF Sind Sie verrückt geworden?

DER OBER Er. Er!

DER SOUCHEF *Er* ist verrückt geworden? Na bitte! Handeln Sie!

DER OBER Wie. –

DER SOUCHEF Wie?! Von mir aus können Sie den Kerl mitsamt dem Korbstuhl über die Brüstung kippen – wir sind kein Schützenfest, wir sind ein Grandhotel, und in circa zehn Sekunden sind wir der Mittelpunkt der literarischen Welt! –

DER OBER Herr Souchef –

DER SOUCHEF Herr Wendelin, die Musiker haben ihre Instrumente gestimmt. Die Noten für die Gäste sind verteilt.

DER OBER Herr! –

DER SOUCHEF Wollen Sie uns unsterblich blamieren?

DER OBER Da treffen Sie den Nagel auf den Kopf.

DER SOUCHEF Na also! Weg mit ihm! Weg!

DER OBER Er ist es. Der da..!

DER SOUCHEF Der Dichter?

DER OBER Ja.

DER SOUCHEF Meister!

DER OBER Was für ein glücklicher Zufall!

DER SOUCHEF Welche Ehre für unser Haus!

DER OBER Sie, Meister, persönlich!

DER SOUCHEF *(zückt ein Blatt mit der vorbereiteten Rede.)* Erlauben Sie uns, Ihnen zu sagen, wie stolz wir sind, Sie gerade heute, an Ihrem siebzigsten Geburtstag, unseren Gast nennen zu dürfen. Sie haben dieses Land zum Singen gebracht. Sie haben uns in unsterbliche Verse gegossen. Um es mit den Worten Ihres Freundes Storm auszudrücken: Sie, hochverehrter Jubliar, sind das reinste Gold der Lyrik.

DER OBER Göttlich.

DER DICHTER Bockmist.

DER SOUCHEF *(begeistert.)* HALTENDE WIMPERN!

DER OBER *(ebenso.)* TRINKENDE AUGEN!

DER SOUCHEF/ DER OBER GOLDNER ÜBERFLUSS DER WELT!

DER DICHTER Nein, meine Freunde! Grau ist alles, grau und trüb.

DER OBER *(zum Souchef.)* Der Vogel!

DER SOUCHEF Was?!

DER OBER Die Schwermut.

DER DICHTER Leben…

(*Der Souchef ins Hotel, ab.*)

DER DICHTER Nein, es war kein Leben. Die Frauen, die ich begehrte, lachten mich aus. Meine Liebsten sind tot. Wird es Nacht, pickt der schwarze Vogel an meiner Seele, jeder Schnabelhieb eine Beschuldigung, eine niemals zu beantwortende Frage: Warum bist du, wie du bist? In meinen Büchern jedoch, in meinen Gestalten habe ich gelebt. Habe ich geliebt. In meinen Versen ist jenes Leben, zu dem ich selber nicht fähig war. Und was bleibt? Was bleibt?! Haltende Wimpern…

(*Keller greift nach der Hand des Obers.*)

DER DICHTER Ich habe Angst.

DER OBER Die tun Ihnen nichts. Die feiern Sie nur.

DER DICHTER Ich habe Angst vor dem Vogel.

Der Souchef tritt mit den Gästen aus dem Hotel.

DER SOUCHEF (*zeigt auf den Dichter.*) Die Feder unserer Republik. Der Meister, der dieses Land zum Singen brachte!

DIE GÄSTE Hurra! Hurra!

(*Gottfried Keller sitzt wieder im Korbstuhl*

und hält die Hand des Obers. Im Hintergrund
hat sich das Hotel versammelt.)

DER DICHTER Ich sollte noch zahlen.

DER OBER Ich bitte Sie, das zahlt doch das Haus.

DER DICHTER Herr Ober, was bin ich schuldig?

ALLE *(singen.)*

Augen, meine lieben Fensterlein
Gebt mir schon so lange holden Schein,
Lasset freundlich Bild um Bild herein:
Einmal werdet ihr verdunkelt sein!

Fallen einst die müden Lider zu,
Löscht ihr aus, dann hat die Seele Ruh;
Tastend streift sie ab die Wanderschuh,
Legt sich auch in ihre finstre Truh.

Doch noch wandel' ich auf dem Abendfeld,
Nur dem sinkenden Gestirn gesellt;
Trinkt, o Augen, was die Wimper hält,
Von dem goldnen Überfluss der Welt!

II
IM LAGER

Personen: Der Feldweibel Hans Indergand
Die Polin Olga Maria Kwiatowska
Ein Korporal

Winter 1942.
Baracke eines Interniertenlagers im Gebirge.
draußen tobt der Schneesturm.
Der Feldweibel.

Der Feldweibel Wind. Schnee. Sturm. Ja, lieber
wäre ich draußen. Mannesmut! Und was
verlangt man von mir? Ein Lied! Musik. Im
Lager. Ein Lied. Ich kann es nicht. Die letzte
Chance von hier wegzukommen. Kein Lied,
kein Avancement. Ja. Ich bleibe, was ich bin.
Schreibtischhengst. Duschraumchef. Brausen-

entkalker. Soll verhindern, daß die Brausen tropfen. Rationenverteiler. Hackfrüchteverwalter. Zugeschneit.

Der Korporal führt eine Internierte herein, die Polin.

Der Korporal *(meldet.)* Korporal mit der Internierten äh – –

Die Polin *(flüstert.)* Kwiatkowska Olga-Maria.

Der Korporal Kwiatkowska Olga-Maria.

Der Feldweibel Abtreten!

(Korporal salutiert, ab.)

Der Feldweibel Die Komponistin. Aber nehmen Sie doch bitte Platz, Frau äh – –

Die Polin Kwiatkowska.

Der Feldweibel Trinken Sie ein Täßchen Tee mit mir? Verdammt kalt heute. Als wolle der Himmel auf die Erde herab.

(In der Tür, ruft:) Korporal? Kanne Tee!

(Wieder zur Polin.) Soll ein schönes Land sein, Polen. Flach, aber schön.

Die Polin Jawohl.

Der Feldweibel Verdammt hart, bei diesem Wetter eine Straße zu bauen. Was für ein Instrument spielen Sie? Klavier?

DIE POLIN Auch Klavier, jawohl.

DER FELDWEIBEL Ich spiele Handorgel. Natürlich nur so am Feierabend. Als Hobby. Sie brauchen heute nicht mehr auszurücken, Frau äh – –

DIE POLIN Kwiatkowska.

DER FELDWEIBEL Sie können hier beim Ofen sitzen. Und ein Täßchen Tee trinken, vielleicht ein Süppchen essen, bißchen Brot dazu, ganz wie Sie wünschen. Ich hätte nur eine Bitte, Frau – –

DIE POLIN Kwiatkowska.

DER FELDWEIBEL Unser Lagerkommandant ist Vater geworden. Wir wollen eine kleine Feier veranstalten. Ein geselliges Beisammensein. Um das Ereignis, wie soll ich sagen…

DIE POLIN *(ängstlich.)* Jawohl.

DER FELDWEIBEL Olga-Maria, ich tu Ihnen nichts, im Gegenteil. Ich darf Olga-Maria sagen?

DIE POLIN Jawohl.

DER FELDWEIBEL Ich habe zufällig Ihre Akte eingesehen, rein zufällig, und da dachte ich – – *(In der Tür, ruft:)* Wo bleibt der Tee? Wird's bald?

(Wieder zur Polin, jovial:) Schwere Zeiten. Die Deutschen kurz vor Moskau. Hier ist sie übrigens.

(Er öffnet einen Schrank, holt eine Handorgel heraus.)

Ein Erbstück vom Vater. Sein Talent hat er leider ins Grab genommen. Ich bin so musikalisch wie ein Gemsbock.

(Am Fenster.) Das sind doch alles Simulanten! Saboteure! Korporal!!

(Er ruft hinaus:) Korporal, machen Sie diesem Judenpack Beine, oder ich lasse das Lager im Schneesturm stehen, bis ihnen die Nasen wie reife Zwetschgen aus der Visage fallen.

(Er streckt der Polin ein Blatt Papier entgegen.) Verse. Lyrik. Habe sie in einem Poesiealbum gefunden. Und vielleicht, hab ich mir gesagt, vielleicht findet unsere Olga-Maria eine schön lüpfige Melodie dazu.

DIE POLIN Schön –

DER FELDWEIBEL Lüpfig.

DIE POLIN Schön lüpfig.

DER FELDWEIBEL Jawohl.

DIE POLIN Eine – –

DER FELDWEIBEL Schön lüpfige Melodie. Volks-

tümlich. Geboren aus dem Geist unseres
Landes.

Der Korporal serviert den Tee.

DER FELDWEIBEL Vielleicht ein Schlücklein
Cognac zum Tee? Oder lieber ein Süppchen?

DIE POLIN Jawohl.

DER FELDWEIBEL Haben Sie gehört, Korporal?
Unsere Komponistin hat Lust auf ein Süpp-
chen.

DER KORPORAL Ein Süppchen.

DER FELDWEIBEL Ausführen!
(Der Korporal salutiert, ab.)

DER FELDWEIBEL Ich denke, wir haben uns ver-
standen, meine Liebe. Sie setzen diese Verse in
Töne. Noch Fragen, Olga-Maria?

DIE POLIN Nein.

DER FELDWEIBEL Gut. Sehr gut. Übermorgen
steigt unsere Feier. Bis dahin muß ich Ihr Werk
intus haben und auf der Handorgel begleiten
können.

DIE POLIN Nein.

DER FELDWEIBEL Hier haben Sie Bleistift und
Papier, da sind die Verse… Nein?

DIE POLIN Jawohl.

DER FELDWEIBEL Es ist Zucker drin!

DIE POLIN Ich bin den Ideen von Arnold Schönberg verpflichtet.

DER FELDWEIBEL Jude?

DIE POLIN Der Schöpfer der Zwölftonmusik.

DER FELDWEIBEL Insasse von uns?

DIE POLIN Ich darf gehen, Herr Feldweibel?

DER FELDWEIBEL In dieses Wetter hinaus? Es könnte Ihr Tod sein.

DIE POLIN Jawohl.

DER FELDWEIBEL Ich biete Ihnen das Leben. Ich biete Ihnen Wärme, Tee, ein Süppchen. Was verlange ich dafür? Verlange ich viel dafür? Der Feldweibel Indergand Hans, meine Liebe, ist eine Seele von Mensch. Er liebt die Armee und sein Vaterland. Er möchte seinem Kommandanten ein Lied schenken, ein bescheidenes schönes Lied. Und was sagen Sie? Nein.

DIE POLIN Jawohl.

DER FELDWEIBEL Der Feldweibel Indergand, meine Liebe, kann auch anders. Sie trinken jetzt den Tee und komponieren das Lied, oder Sie kriechen mir da draußen durch den Schnee, ist das klar?

34

DIE POLIN Die Musik ist mir heilig.

DER FELDWEIBEL Ihr letztes Wort?

DIE POLIN Herr Feldweibel, ich habe alles verloren – Polen, Mama, Vater, Haus, Garten, Bücher, das Klavier, aber die Musik will ich behalten. Meine Musik. Ihr Volkslied, Herr Feldweibel, müssen Sie selber schreiben.

DER FELDWEIBEL Ich? Sie, ich kann ja nicht einmal Noten lesen.

DIE POLIN Dann lassen Sie Finger davon.

DER FELDWEIBEL Was soll ich denn sonst darbieten? Einen Handstand?!

Der Korporal mit der Suppe.
  (Die Polin lehnt ab.)

DER FELDWEIBEL *(bindet sich eine Serviette um.)* Sie sind eben dabei, den Fehler Ihres Lebens zu machen. Wollen Sie das? Wollen Sie den Feldweibel Indergand zum Feind haben?
  (Er winkt den Korporal hinaus und ißt die Suppe. Korporal ab.)

DER FELDWEIBEL Morgen früh gehen Sie mit dem zwoten Zug in den Berg.

DIE POLIN Jawohl.

DER FELDWEIBEL Ich will euch schon lehren,

was Musik ist. Bringen Sie den Tee her!

(Sie serviert ihm den Tee.)

Danke. Sie bleiben dabei?

DIE POLIN Jawohl.

DER FELDWEIBEL Ihr letztes Wort?

DIE POLIN Jawohl.

DER FELDWEIBEL Sie können gehen.

DIE POLIN Jawohl.

DER FELDWEIBEL *(schlürfend, kauend, genie-ßend.)* In seiner Menschlichkeit, sag ich immer, wird man bloß enttäuscht.

(Sie bleibt auf einmal stehen und betrachtet ihn neugierig.)

DER FELDWEIBEL Was schauen sie mich an? Haben Sie noch nie jemanden Suppe essen sehen?

(Er ißt weiter. Sie schaut.)

DER FELDWEIBEL Habe ich etwas verschüttet?

DIE POLIN Nein nein.

DER FELDWEIBEL *(will weiteressen, hält inne.)* Sagen Sie mir, was los ist!

DIE POLIN Ich schaue, wie Sie essen.

DER FELDWEIBEL In solchen Zeiten läßt man eine Suppe nicht stehen. Das ganze Land lebt auf Marken. Lebt von Hackfrüchten. Vom deutschen Soldaten nicht zu reden. Titanisch,

was die leisten. 40 Grad minus, aber die Wehr-
macht marschiert. Kämpft. Siegt!

DIE POLIN Verzeihung, Herr Feldweibel, wür-
den Sie bitte weiteressen?

DER FELDWEIBEL Ich kann Sie auf der Stelle arre-
tieren lassen.

DIE POLIN Sie wollen doch ein Lied von mir.

DER FELDWEIBEL Was hat das mit der Suppe zu
tun?

DIE POLIN Sie essen, ich schaue.

DER FELDWEIBEL Bei Ihrem Hunger?

DIE POLIN Für die Kunst muß man leiden.

DER FELDWEIBEL Hm. Ich will doch nur ein
bißchen Folklore von Ihnen. Ein Volkslied!

DIE POLIN Eben. Soll ich das Lied schreiben,
muß ich das Volk kennen.

DER FELDWEIBEL Ich könnte das unmöglich:
Hungrig sein und zuschauen, wie jemand eine
Suppe ißt. Aber Sie sind selber schuld. Ich esse
die Suppe nur, weil Sie sie verweigert haben.

DIE POLIN Wie war das Wort?

DER FELDWEIBEL Lüpfig.

DIE POLIN Schön lüpfig.

DER FELDWEIBEL Es schmeckt mir eben. Ich bin
satt, aber es schmeckt mir.

DIE POLIN Das zeigen Sie nicht.

DER FELDWEIBEL Nein?

DIE POLIN Sie starren in den Teller, als wäre er voller Fliegen.

DER FELDWEIBEL Finden Sie?

DIE POLIN Oder ein Abgrund!

DER FELDWEIBEL Der Teller?!

DIE POLIN Ja! Jesusmariaundjoseph, das ist es!

DER FELDWEIBEL Ein Abgrund?!

DIE POLIN Jetzt kann ich es schreiben.

DER FELDWEIBEL Ich verstehe kein Wort.

DIE POLIN Ich schreibe einen schön lüpfigen Teller Abgrund voll guter Suppe..!

(Sie nimmt das Blatt, liest vor.)

Wenn i ame Summerabig ime Schiffli zmitzt im See

S Abigrot uf lyse Wälle grad wie Rose ligge gseh,

Und de Seelisberg umrandet vome goldig helle Schy

Ernst und fyrli abelueget, lan i myni Rueder sy.

DER FELDWEIBEL Was heißt das – ein Teller Abgrund… voll guter Suppe … ?

DIE POLIN Musik.

DER FELDWEIBEL Machen Sie sich lustig über mich?

DIE POLIN Nein.

(Sie starren sich an.)

DER FELDWEIBEL Wie tönt diese Melodie?

(Stille.)

DER FELDWEIBEL Wollen Sie nicht doch einen Teller?

(Sie schüttelt den Kopf.)

DER FELDWEIBEL Ich kann auch andere Saiten aufziehen. Wir sind kein Hotel, Madame, und Sie – Sie sind freiwillig gekommen. Es gibt sogar Leute, die an der Grenze niederknien. Oder sie lassen ihre Kinder bitten. Das ist noch schlimmer. Das gibt Magengeschwüre. Ich habe es nicht mehr ausgehalten, an der Grenze. In Kinderaugen blicken und sie fortschicken, Kinder in den Tod schicken! – Es bricht einem das Herz.

(Er starrt in den Teller. Sie nimmt die Handorgel, improvisiert ein paar Töne.)

DER FELDWEIBEL Sie tun es, Olga? Sie finden eine Melodie für mich?

DIE POLIN Unter einer Bedingung. Sie bringen unseren Leuten eine Kanne Tee.

DER FELDWEIBEL Jawohl.

DIE POLIN Dann einen Teller Süppchen.

DER FELDWEIBEL Teller Süppchen, jawohl.

DIE POLIN Ohne Ersatzmittel.

DER FELDWEIBEL Ohne, jawohl.

DIE POLIN Und mich lassen Sie allein.

DER FELDWEIBEL Zu Befehl.

DIE POLIN Da wäre noch etwas, Feldweibel. Zum Komponieren brauche ich Zigaretten.

DER FELDWEIBEL Jawohl. Jetzt können Sie loslegen, Olga. Jetzt können Sie zeigen, was Sie draufhaben!

(Sie spielt.)

DER FELDWEIBEL Ja... ja! Ja!

III
IN DER SATELLITENSTADT

PERSONEN: Ali
                Lola
                Fisch
                Mutti
                Die Frau
                Der Mann

III, 1
Appartement in einem Hochhaus der Satelliten-
stadt.
Morgen. Zwei Menschen beim Frühstück. Der
Mann streicht ein Brötchen; die Frau liest die
Zeitung.

LOLA Noch eine Tasse Kaffee?
   (Er reagiert nicht, streicht sein Brötchen. Sie

blättert um.)

ALI Hast du gut geschlafen?

(Sie blättert um.)

ALI Was macht das Wetter?

(Sie blättert um.)

ALI Es wurde leider etwas später, entschuldige.

LOLA Seit wann entschuldigst du dich dafür? Bei dir wird es immer später.

ALI Es war das erste Mal seit Jahren.

(Sie schaut auf, erstarrt.)

LOLA Hilfe!

(Er verschluckt sich, erstarrt ebenfalls.)

LOLA Wer sind Sie..?! Was machen Sie hier..! Hilfe!

ALI Wo ist Mutti?

LOLA Wer?

ALI Mutti!

(Er will ins Schlafzimmer blicken, entdeckt an der Wand eine Maske.)

Ein Geschenk?

LOLA Die Maske?!

ALI Ein schönes Geschenk.

LOLA Der Kerl ist komplett hinüber. Das ist *unsere* Maske!

ALI Verzeihung, aber Sie kommen in unsere

Wohnung und...

(*Er lächelt.*)

... und hängen diese Maske auf?

LOLA Seit Jahren hängt die hier.

ALI (*schaut ins Schlafzimmer. Dort ist offenbar niemand.*) Ist sie im Badezimmer?

LOLA Wer –

ALI Mutti! Ich sage Mutti zu meiner Frau.

LOLA Soll bei uns im Badezimmer sein?!

(*Ali nickt. Er versteht die Welt nicht mehr.*)

LOLA Wer hat Sie reingelassen?

ALI Reingelassen? Das ist *meine* Wohnung. *Unsere*! Die Wohnung von Mutti und Ali!

LOLA Ali..!

ALI Ja.

LOLA Das gibt's doch nicht. Hockt auf einmal ein Asylant beim Frühstück und behauptet, das sei seine Wohnung! Sie, das ist *unsere* Wohnung!

ALI Ich freue mich über jeden Gast. Alles gehört Ihnen. Nehmen Sie Platz. Trinken Sie. Und Gott, der Erhabene, wird mir Ihr Herz in Freundschaft zuneigen.

(*Er betrachtet die Tasse.*)

Ihre Tasse?

LOLA Klar.

ALI Sie bringen die Tasse mit?!

LOLA *Was* soll ich?! Tassen in meine Wohnung
bringen?! Jetzt reicht's, ja?! Das ist *meine*
Wohnung, *meine* Tasse, *mein* Kaffee, und
wenn Sie das nicht endlich kapieren, rufe ich
die Polizei.

ALI *(starrt das Sofa an.)* Das Sofa!

LOLA Hä?

ALI Wir haben kein Sofa.

LOLA Es ist *mein* Sofa.

ALI In unserer Wohnung?!

LOLA Ich sage es zum letzten Mal: es ist *unsere*!

ALI Moment!

(Er geht ins Schlafzimmer, ab.)

LOLA He, Sie, das ist mein *Schlaf*zimmer..!

Ali kommt zurück, mit Jacke und Hut.

ALI *(zückt seine Brieftasche.)* Ich habe Papiere.
Ich wohne hier. Zusammen mit Mutti.

LOLA Dann können Sie mir vielleicht erklären…
(Sie zeigt auf eine Photographie.)
… wer *das* ist?

ALI Schön wie der Mond in der vierzehnten
Nacht.

LOLA Oh.

ALI Aber das sind ja *Sie*..!

LOLA Das ist der Beweis.

ALI Beweis?

LOLA Daß das unsere Wohnung ist. Verstehen Sie nicht?

ALI Nein.

LOLA Diese Maske gehört mir. Auch das Sofa, und die dort –

(Sie zeigt auf das Photo.)

... das bin ich. Also ist das *meine* Wohnung!

ALI Gut. Vielleicht ist es die Wahrheit. Ihre Tasse, Ihr Bild, Ihre Maske.

LOLA Ja, und jetzt verschwinden Sie!

ALI *(geht zum Fernsehsessel.)* Mutti steht den ganzen Tag im Schirmgeschäft. Deshalb hat sie kaputte Füße, und wenn sie abends nach Hause kommt, nimmt sie ein Fußbad. Soll ich es beweisen?

LOLA Ein Verrückter.

ALI Unter diesem Sessel hat Mutti ein rotes Plastikbecken. Haben Sie auch ein solches Becken?

LOLA Ich? Nein.

ALI Gut. Wenn wir ein Plastikbecken finden, ist

es *meine* Wohnung. Wenn wir keines finden – –
(Er zieht einen Frauenstiefel hervor.)
… ist das Ihrer?!

LOLA Natürlich ist das meiner.

ALI *(zeigt seine Papiere.)* Sie, dafür habe ich ge-
kämpft und gelitten. Dafür habe ich Mutti
geheiratet. Dafür habe ich Muttis Schirmge-
schäft übernommen. Dafür habe ich die Hei-
mat vergessen, und jetzt sagen Sie: Meine
Wohnung ist Ihre?

LOLA Darf ich noch mal sehen?

ALI Bitte.

(Lola studiert die Papiere.)

ALI Ich wohne hier. Turm 33, 17. Stock, Mitte.
Zusammen mit Mutti.

LOLA Sie wohnen in Turm 33.

ALI Ja. Turm 33, 17. Stock, Mitte.

LOLA Das ist Turm 35.

ALI 35.

LOLA Ja, Turm 35, 17. Stock, Mitte.

ALI 35.

LOLA Ja.

ALI 35.

LOLA Ist Ihnen nicht gut?

ALI Das ist Turm 35..!

LOLA Natürlich ist das Turm 35.

ALI Wir haben eine Wohnung in Turm 33. Nicht
35 – 33.

(Er versucht zu lächeln.)

Wir haben die gleiche Wohnung.

LOLA Sie vergessen die Maske.

ALI Und das schöne Bild.

LOLA Da war ich noch jünger.

ALI Bitte um Verzeihung. Ich war sicher, ich
liege bei Mutti..!

LOLA Mein Gott! Wenn das Fisch erfährt!

ALI Fisch?

LOLA Mein Freund.

(Vom Sofa her ein Schnarcher.)

LOLA Er liegt hier!

ALI Wer?

LOLA Fisch!

DIE STIMME VON FISCH *(vom Sofa her.)* Ich höre
Stimmen.

LOLA *(zu Fisch.)* Du trinkst zuviel.

ALI Nur gestern.

DIE STIMME VON FISCH Was?!

ALI Ich bin Türke.

DIE STIMME VON FISCH *Was* bin ich?!

LOLA Schlaf weiter, lieber Fisch!

(Ali will verduften. In diesem Augenblick:)

Fisch. Sein Kopf taucht über der Rückenlehne des Sofas auf.

FISCH Hab ich einen Schädel.

LOLA Ah, Fisch, guten Morgen.

FISCH Lola, warum liege ich hier?

LOLA Warst du noch in Joes Bar?

FISCH Ja. Ja, ich denke, ich war noch in Joes Bar.

LOLA Dann ist ja alles klar.

FISCH Was denn, Lola? Was soll mir klar sein?

LOLA Leg dich hin, Fisch. Schlaf noch ein biß-
chen.

*(Fischs Kopf verschwindet hinter der Rücken-
lehne, ab. Lola bugsiert Ali Richtung Vorraum.
Er versucht ihr klarzumachen, er habe noch
etwas vergessen. Nämlich seinen Schirm. Da
taucht der Kopf wieder auf.)*

Fisch.

FISCH Lola? Lola, was machst du?

LOLA Ich?

FISCH Holst du die Zeitung?

LOLA Ja...

FISCH Da ist sie doch.

LOLA *Wer* ist da?!

FISCH Die Zeitung! Da, auf dem Tisch.

LOLA Wie dumm von mir. Und? Wie war's?

FISCH Wo.

LOLA In Joes Bar.

FISCH *(setzt sich auf den Platz, auf dem Ali geses-*
sen hat, und beglotzt das von Ali gestrichene
Brötchen.) Hast du mir ein Brötchen gestri-
chen?

LOLA Du magst keine Brötchen.

(Sie schaut sich nach Ali um, der in den
Vorraum entkommen will. Währenddessen:)

FISCH Nein, ich mag keine Brötchen.

LOLA Wenn du keine magst, warum soll ich dir
welche streichen?

FISCH Und was ist das? Ein Krokodil?!

LOLA Ach, das! Ja, das ist ein Brötchen. Willst du
ein schönes Bierchen dazu?

FISCH Und was soll ich mit dem *Brötchen*?

LOLA Aus Jux…

FISCH Aus Jux. Sie streicht mir aus Jux ein Bröt-
chen.

(Und plötzlich fällt ihm etwas ein.)

Ich Idiot, ich verdammter.

(Er schaut ins Schlafzimmer.)

Komme nach Hause, und wer liegt bei meiner
Lola? Ich, hab ich gedacht. Logisch! Wer soll
sonst bei ihr liegen... Das war kein Delirium.
Ganz im Gegenteil.

(Sie schaut in die Zeitung.)

FISCH Was steht in der Zeitung?

LOLA Das gleiche wie immer.

FISCH Das gleiche wie immer

(Er dreht sich eine Zigarette.)

Und was ist das: das Gleiche? Wie sieht es aus?

LOLA Wie immer.

FISCH Dort liegt dein Stiefel.

LOLA Wirklich?

FISCH Die Spur führt ins Schlafzimmer.

(Er steht auf, schaut hinein.)

Wie heißt er?

LOLA Wer?

FISCH Der Türke in deinem Bett, Lola.

LOLA In meinem Bett? Ein Türke?! Jetzt über-
treibst du aber.

FISCH Ich übertreibe.

LOLA Und wie.

FISCH Und warum, glaubst du, habe ich auf
diesem verdammten Sofa gepennt!?

LOLA Außer uns ist niemand in dieser Wohnung,

lieber Fisch.

(Ali läßt seinen Schirm fallen.)

ALI Verzeihung.

LOLA *(zu Fisch.)* Hast *du* ihn reingelassen?

FISCH Ich?! Sag mal, spinnst du?!

LOLA Ich war's nicht, Fisch. Großes Ehrenwort! Plötzlich saß er da.

FISCH Wo.

LOLA Da.

FISCH Da sitze *ich*.

LOLA Vorher saß *er* da.

FISCH Du verdammtes, verlogenes Nutten-stück! Und warum habe ich auf diesem Sofa gepennt?! Aus Jux?!?

LOLA Fisch – –

FISCH Als ich nach Hause kam, hat er in deinem Bett gelegen – dort! im Schlafzimmer! bei dir!

LOLA Ich habe ihn nicht reingelassen, Fisch, das schwör ich dir! Ich schwör's dir, Fisch, ich schwör's dir, ich habe den Mann nicht reinge-lassen!

FISCH Himmelnochmal, wollt ihr mich verar-schen?! Wenn er *hier* ist, muß er doch irgend-wie *rein*gekommen sein, oder nicht?!

ALI Ja.

FISCH Dann erklär mir, wie. Wie!

ALI Gleiche Wohnung – andere Frau.

FISCH Gleiche Wohnung, andere Frau.

LOLA Sie haben das Sofa vergessen.

ALI Ja, Sie haben ein Sofa – Mutti und ich haben keins.

LOLA Dafür habt ihr ein Plastikbecken.

FISCH Ist das ein Irrenhaus?! Natürlich haben wir ein Sofa. Dort steht es doch!

LOLA Er hat den falschen Turm erwischt. Das ist mir auch schon passiert. Manchen passiert es sogar tagsüber.

(Fisch steht am Fenster. Stille.)

LOLA Früher waren wenigstens die Schlüssel verschieden.

FISCH Die Zacken.

LOLA Ja. Wenigstens *ein* Zacken pro Schlüssel.

ALI Manchmal benutzt Gott einen Schwachen, um seine Geheimnisse zu offenbaren.

(Dunkel.)

III, 2

Wenn es wieder hell wird: dasselbe Bild – eine andere Wohnung.
Allerdings ohne Sofa und ohne Maske.
Abend. Mutti sitzt im Sessel, die Füße im Wasserbecken.

MUTTI Warum so kompliziert? Warum sagst du nicht einfach: Mutti, du bist mir zu verbraucht? Die affektiven Regungen nehmen ab, das sagen sie auch im Fernseher, ein Ehebett hat zwei Kissen, auf jedem liegt ein Kopf, die Einsamkeit addiert sich. Hast du Wasser aufgesetzt? Da, schau dir meine Füße an. Die altern noch schneller als der Rest, die Beine werden dicker, die Zähne schmaler, was soll man machen, wir Detaillisten sind Stehberufler, gesessen wird im Knast und im Migros an der Kasse. Ach, hier ist ja die Thermosflasche! *(Sie gießt heißes Wasser ins Plastikbecken.)* Hat sich diese Lola nochmals gemeldet? Oder du bei ihr? *(Sie tunkt die Füße ins heiße Wasser.)* Aua. Männer sind so. Irgendwann wollen sie eine Jüngere, was heißt addiert, sieh dir diese

Türme an, die Lichter, pro Wohneinheit eine Einsamkeit, und wo ein Paar ist, wird die Einsamkeit multipliziert. Im Geschäft war wieder Flaute, der Detailhandel ist sowieso am Ende; aufrecht untergehen, hat Papa immer gesagt, wer spricht von Siegen, durchstehen ist alles. Bittesehr, bei diesen Füßen kann ich's begreifen, aber warum diese orientalischen Ausreden? Warum diese Phantasie? Du bist das Trinken nicht gewohnt, sie hat dich abgeschleppt, voll wie sie war, ein Seitensprung, punktum. Da hebt man doch nicht gleich die Schwerkraft auf, nur für einmal vögeln, wo kämen wir hin, und überhaupt, Ali, mal angenommen, es stimmt. Auch wenn du dich verflogen hast und vom fliegenden Teppich gleich ins Bett steigst, erst noch im Dunkeln, müßte man doch merken, ob man bei seiner Mutti liegt oder bei einer Lola. Ali, das riecht man!

Ali kommt mit zwei gepackten Koffern aus dem Schlafzimmer.

MUTTI Komm, sag es mir. Sag mir: Mutti, du bist schön wie der Mond in der 14. Nacht, und ich *bin* schön. Sag mir: Du bist meine Oase, und ich leuchte mit Palmen, ich plätschere mit Brunnen.

(Ali steht. Es klingelt.)

MUTTI Hast du ein Taxi bestellt?

ALI Nein.

(Er geht ins Schlafzimmer, ab.)

MUTTI Es ist tagsüber wie nachts; aber nachts ist es dunkel.

(Sie schaltet den Fernseher ein: Eine Heimatgala.)

MUTTI Allein ist die Einsamkeit am schlimmsten.

(Wieder klingelt es.

Sie stellt den Ton leise und geht zur Tür.)

Mutti kommt zurück, mit Fisch und Lola.

MUTTI Was darf es sein?

FISCH Fisch.

MUTTI Fisch?

FISCH Mein Name!

MUTTI Ach so.

(Sie ruft ins Schlafzimmer:) Ein Herr Fisch!

LOLA Schön haben Sie's hier.

MUTTI Womit kann ich dienen?

FISCH Ja, sehr schön. Die Sache ist die. –

LOLA *(entdeckt die Photographie.)* Oh!

MUTTI Da war ich noch etwas jünger.

LOLA Ich auch. Wir haben den gleichen Rahmen. Ich stehe auch da. Ich meine natürlich bei uns. In unserer Wohnung. Da drüben. Dort, im übernächsten Turm, Turm 35, stehe ich ebenfalls hier.

(Mutti betrachtet Lola.)

LOLA Im Prinzip haben wir nichts gegen Ausländer.

MUTTI Das denk ich mir…

LOLA Aber die Maske war ein Andenken.

FISCH Aus Brindisi.

LOLA Mombasa.

FISCH Brindisi.

LOLA Jedenfalls echt, und da wollten wir Sie fragen, ob er vielleicht – –

MUTTI *(laut.)* Ali?

FISCH Er war heute früh bei uns.

MUTTI Ali, würdest du bitte mal kommen?

FISCH Es ist wie bei den Oleandern, ein Stock gleicht dem andern.

LOLA Bis auf die Maske. Die hätten wir gern zurück.

Ali kommt mit einem dritten Koffer aus dem Schlafzimmer.

MUTTI Sie wollen nur die Maske.

LOLA Hier hat sie gehangen.

ALI Hier?

LOLA Bei uns natürlich.

FISCH Eben nicht!

LOLA Seit heute nicht mehr, ja. Seit heute morgen.
Die Maske wurde uns entwendet. Da ist ja das
Plastikbecken!
(*Zu Fisch.*) Mutti badet jeden Abend ihre Füße.
Ali sagt Mutti zu seiner Frau.

FISCH Mutti.

LOLA Ja, Mutti.

LOLA Wie er in unsere Wohnung gekommen ist,
wissen wir nicht.

FISCH Vielleicht doch.

MUTTI Mit dem Teppich.

FISCH (*zu Lola.*) Hat er dir einen Teppich ange-
dreht?!

MUTTI Ali verkauft nichts. Das ist ja das
Problem. Mutti steht den ganzen Tag im
Laden, macht sich die Füße platt, und er –
fliegt.

FISCH/LOLA Fliegt?

MUTTI Fliegt! Auf seinem Teppich fliegt er um die Häuser. Hast du dich wieder verflogen, Ali?

ALI Seien Sie unsere Gäste, und Gott, der Erhabene, wird uns Ihr Herz in Freundschaft zuneigen.

FISCH Wir wollen nur die Maske.

MUTTI Da sind Sie an der falschen Adresse.

FISCH Er ist Türke.

MUTTI Vorsicht, Herr! Wir sind seit Generationen im Schirmgeschäft. Stimmt's Ali?

ALI Wie wär's mit einem Sonnenschirmchen? Sie haben doch auch einen Balkon.

FISCH Natürlich haben wir einen Balkon.

LOLA Alle haben einen.

MUTTI Zur Zeit führen wir drei verschiedene Modelle.

ALI Zehn Prozent Rabatt auf jeden.

MUTTI Ali!

ALI Sieben.

MUTTI Mein Gott, wie oft muß ich es noch sagen? Wir markten nicht.

ALI Fünf. Herr Fisch ist unser Nachbar.

MUTTI Aber wir handeln nicht. Wir sind grundehrliche Geschäftsleute – keine Basaris!

(Plötzlich.) Das ist ja Indergand!

LOLA Der Feldweibel!

MUTTI Das Lied der Heimat!

*(Sie stellt den Ton lauter. Das Indergandsche
Lied beginnt.)*

FISCH Kommt sein Lied, entsteht jedesmal so ein
Gefühl in einem...

MUTTI In uns auch! Ist das nicht seltsam?

(Alle starren auf den TV-Apparat.)

FISCH Es ist ein Gefühl von...

ALI Heimat?

FISCH Heimat? du?!

ALI Heimat.

(Dunkel.)

III, 3

Wenn es wieder hell wird: dasselbe Bild – eine andere Wohnung.

Morgen. Ein Ehepaar beim Frühstück.

DIE FRAU *(liest die Zeitung.)* Noch eine Tasse Kaffee?

(Er reagiert nicht, streicht sein Brötchen. Sie blättert um.)

DER MANN Hast du gut geschlafen?

(Sie blättert um.)

DER MANN Was macht das Wetter?

(Sie blättert um.)

DER MANN Es wurde leider etwas später.

DIE FRAU Hab's gemerkt.

DER MANN Leiser kann ein Mann nicht ins Bett kriechen.

(Er streicht weiter sein Brötchen. Sie schaut auf, erstarrt.)

DER MANN Absurd. Da hofft man jahrelang, daß man es endlich schafft – –

DIE FRAU Hilfe!

DER MANN Ich *muß* darüber reden.

DIE FRAU Hilfe!

DER MANN Wer sind Sie?

DIE FRAU Wer sind *Sie*! Was machen Sie in unserer Wohnung!?

DER MANN In Ihrer? Sind Sie wahnsinnig? Um Gottes willen, wo ist meine Frau?

DIE FRAU *(ruft.)* Peter! Peter!

DER MANN Ihr Mann?

DIE FRAU Ja.

DER MANN Sonderbar. Ich heiße ebenfalls Peter. Peter Müller.

DIE FRAU Ich ebenfalls.

DER MANN Müller?

DIE FRAU Ja! Hat mein Mann Sie mitgebracht?

DER MANN Nein. Wieso mitgebracht? Was soll das heißen? Das ist unsere Wohnung. Ich wohne hier.

DIE FRAU Hier wohnen *wir*. Hilfe!!

DER MANN Bitte, beruhigen Sie sich!

DIE FRAU Was wollen Sie von mir..!

DER MANN Nichts. Absolut nichts. Das ist doch... das muß doch... bitte vielmals um Entschuldigung, aber... ist das nicht der neunzehnte Stock? Neunzehnter Mitte?

DIE FRAU Natürlich.

DER MANN Sind Sie sicher?

DIE FRAU Natürlich bin ich sicher. Iris und Peter Müller.

DER MANN Sie heißen Iris?!

DIE FRAU Ja!

DER MANN Sagten Sie Iris? Iris Müller? Iris? Mein Gott, das ist ja – furchtbar ist das. Meine Frau heißt ebenfalls Iris.

DIE FRAU Iris?

DER MANN Genau wie Sie. Ich heiße Peter.

DIE FRAU Wie mein Mann.

DER MANN Unsere Frauen heißen Iris.

DIE FRAU Unsere Männer heißen Peter.
(*Sie stößt einen Schrei aus.*)
Nein!

DER MANN Doch. Ja! Schon. Allerdings glaubte ich felsenfest, bei *meiner* Iris zu liegen.

DIE FRAU Bei Ihrer Iris…

DER MANN Wie? Oh, das. Nein nein, das nicht.

DIE FRAU Sind Sie sicher?

DER MANN Unsere wilden Jahre sind passé.

DIE FRAU Unsere auch.

DER MANN Wie das Leben so spielt.

DIE FRAU Der natürliche Verschleiß.

DER MANN Ich war sehr müde.

DIE FRAU Peter gibt mir meistens einen Kuß auf die Schulter. –

DER MANN Stimmt! –

Die Frau Dann dreht er sich weg. Dann schnarcht er.

Der Mann Bei uns läuft es ähnlich ab.

Die Frau Wie traurig.

(Sie schauen sich an.)

Der Mann Wir sind uns fremd geworden, Iris und ich.

Die Frau Peter und mir ging es ähnlich.

Der Mann Ja. Vermutlich geht es den meisten so.

Die Frau *(plötzlich.)* Peter..!

Der Mann Iris..! Iris, bist du's?

Die Frau Ja. Ich bin's. Aber du… bist du tatsächlich… Peter? *Mein* Peter?

Der Mann Wer denn sonst? Natürlich bin ich dein Peter. Ich! bin! *ich!*

Die Frau Um Gottes willen! Ich bin… ich war überzeugt… und du bist mit einer Frau verheiratet – –

Der Mann Die Iris heißt und heute abend mit Frau Eibenschütz in Indergands Gala geht..!

Die Frau Das bin ich.

Der Mann Das ist sie.

Die Frau Wer –

Der Mann Meine Iris.

Die Frau Mein Peter.

DER MANN Wir sind es! Wir müssen es sein. In unserer Wohnung... Iris, das hält man nicht aus: das Ganze einer Wohnung, seiner Frau, eines Morgens – man hält es nicht aus. Man krepiert. Wer auf einmal das Ganze erblickt, krepiert. Deshalb müssen wir gewisse Dinge *übersehen*. Um Leben zu können. Um zu schnaufen, um zu leben! Denk nur an eine Brause. Plitsch! Hast du je eine Brause gesehen, ich meine: das *Ganze* einer *Brause* wirklich *gesehen*? Plitsch! Gut, eine Brause ist eine Brause, aber: wie viele Löcher, wie viele Strahlen, und wenn du zudrehst, abdrehst – tropft's noch da oben?

DIE FRAU Dein Auge!

DER MANN Mein Auge?

DIE FRAU Ich möchte dein Auge sehen. Oder eine Wimper. Eine Wimper deines Auges. Hast du überhaupt Wimpern? Kann ich sie sehen? Muß ich krepieren, wenn ich dein Auge sehe? Sehe ich dein Auge?

DER MANN Es wäre in der Tat begrüßenswert, wenn du die Brause zudrehen würdest. Zudrehen, verstehst du? Ich kann dieses Plitsch nicht mehr hören. Das heißt, vielleicht plitscht es gar nicht, aber ich gehe davon aus, daß es plitscht. Wenn du geduscht hast, plitscht es, keine Frage, dann plitscht es.

DIE FRAU Vielleicht müssen wir umziehen. Was hältst du davon? Vielleicht werden wir in einer anderen Wohnung glücklich.

(Er streicht sein Brötchen.)

DIE FRAU Ich habe dich etwas gefragt, Peter.

DER MANN Entschuldige, Iris.

DIE FRAU Du warst gerade in Gedanken.

DER MANN Ja.

DIE FRAU Beim nächsten Termin.

DER MANN Verdammtnochmal, wenn ich weiter-kommen will, muß ich dranbleiben, verstehst du? Ich muß dranbleiben, und zwar Tag und Nacht, Tag und Nacht! Was schaust du mich an?

DIE FRAU Es ist alles in Ordnung.

(Sie blättert um. Er streicht sein Brötchen.)

Noch eine Tasse Kaffee?

DER MANN Es plitscht wieder.

DIE FRAU Ich habe die Dusche zugedreht. Abge-dreht.

DER MANN Ich höre es plitschen! Hörst du nicht? Es plitscht!

DIE FRAU Plitscht?

DER MANN Plitscht!

DIE FRAU Nein.

DER MANN Doch.

DIE FRAU Es plitscht?

DER MANN Ja, es plitscht, ich höre es plitschen,
es plitscht!

(Dunkel.)

IV
AUF DEM SONNENBERG

PERSONEN: Indergand
Die Polin
Schwester Vroni
Schwester Luci
Der Doktor
Patienten des Sanatoriums

Herbst.
Auf der Terrasse des Sanatoriums Sonnenberg,
hoch über dem Vierwaldstättersee.
Der alte Indergand, im Smoking, sitzt in einem
Sessel.
Schwester Vroni und Schwester Luci, beide auf
Leitern, hängen leuchtende Lampions in den
Abendhimmel.

SCHWESTER VRONI Sogar das Fernsehen kommt! Wir sehen uns in der Tagesschau. Machen Sie vorwärts, Schwester Luci, beeilen Sie sich!

SCHWESTER LUCI Er war dreimal verheiratet. Und seine dritte Frau war dreißig Jahre jünger.

SCHWESTER VRONI Ja ja, mit dem Lied ist er furchtbar reich geworden. Man spricht von Millionen und Häusern und Villen. Alles von den Tantiemen. So nennt man die Einnahmen eines Künstlers.

(*Leise.*) Versprechen Sie mir, niemandem etwas zu sagen? Er wird eine Rede halten. Vor laufender Kamera. Er will der Öffentlichkeit etwas ganz, ganz Wichtiges bekanntgeben.

SCHWESTER LUCI David Bowie und all diese Typen bringen pro Jahr ein Album raus.

SCHWESTER VRONI Sicher, aber wenn die Menschen in hundert oder zweihundert Jahren an uns denken, Schwester Luci, dann singen sie sein Lied. Wenn ich traurig bin, dann muß ich es hören. So ein Lied gelingt auch dem besten Komponisten nur einmal.

SCHWESTER LUCI Chic sieht er aus.

SCHWESTER VRONI Und immer anständig.

SCHWESTER LUCI Ich glaube, sie kommen! Haben

Sie zufällig gehört, wer es ist?

SCHWESTER VRONI Eine Gratulantin..!

SCHWESTER LUCI Heute ist er Achtzig. Da gratulieren alle. Schwester Vroni, ich schweige wie ein Grab, Ehrenwort! Wer ist es?

SCHWESTER VRONI Eine Frau aus Polen.

SCHWESTER LUCI Aus Polen?

SCHWESTER VRONI Pst!

SCHWESTER LUCI So viel Geld und keine Erben – Sachen gibt's!

SCHWESTER VRONI *(steigt ab, zeigt auf einen Lampion.)* Den Roten noch etwas weiter nach links!

Der Doktor führt die Polin auf die Terrasse.

DER DOKTOR Herr Indergand, Ihr Besuch ist da!

DIE POLIN Darf ich rauchen?

DER DOKTOR Aber bitte. Bittesehr.

(Zu Indergand:) Ist das nicht ein wundervolles Geburtstagsgeschenk? Die Frau, die Sie so lange gesucht haben: Hier steht sie vor Ihnen.

INDERGAND Ja.

DER DOKTOR Dann darf ich Sie jetzt allein lassen, Frau äh – –

DIE POLIN Dobijanka-Witczakowa.

DER DOKTOR Heitern Sie ihn ein wenig auf! Durch sein Lied hat er uns unendlich viel Freude geschenkt. Durch seine unsterbliche Melodie! Ich bin ja so stolz, Herr Indergand, daß wir Sie hier bei uns haben dürfen.

SCHWESTER VRONI Ich auch.

SCHWESTER LUCI Wir alle.

DER DOKTOR Stolz und glücklich. Aber jetzt möchten Sie mit Frau äh – –

DIE POLIN Dobijanka-Witczakowa.

DER DOKTOR ... Ihre »Sache« besprechen. *(Zur Polin.) Sein* Wort. Mehr wissen nicht einmal wir Ärzte.

INDERGAND *(plötzlich.)* Bitte gehen Sie. Gehen Sie!

(Sie starren ihn an.)

INDERGAND Sie alle! Bitte!

(Der Doktor und die beiden Schwestern ab.)

DIE POLIN *(zu Indergand.)* Ihr Brief hat mich sehr überrascht. Sehr! Meine Mama hat nie von der Schweiz erzählt.

(Stille.)

DIE POLIN Sie war im Lager...

INDERGAND Ja.

(Stille.)

Wann ist sie gestorben?

DIE POLIN Schon lange.

INDERGAND Wie… wie ging es ihr?

DIE POLIN Im Leben? Sie war nicht so berühmt wie Sie.

INDERGAND Komponistin.

DIE POLIN Ja. Aber nach dem Krieg war es in Polen schwierig. Besonders für eine Frau mit Kind. Mama ist früh gestorben. Die Lunge. Sie haben Mama gekannt, Herr Indergand?

(Er nickt.)

DIE POLIN Gut?

(Er nickt.)

DIE POLIN Sehr gut?

INDERGAND N-nein.

DIE POLIN Geliebt?

(Er verneint.)

DIE POLIN Oh, ich dachte – –

(Sie lacht. Stille.)

DIE POLIN Sagen Sie's mir.

(Er nickt. Stille.)

DIE POLIN Dann ist es vorbei. Für uns beide.

INDERGAND Man könnte meinen, Ihre Mutter steht da.

(Er kämpft mit sich.)

Ich schäme mich so.

DIE POLIN Sie haben Mama sehr, sehr lieb gehabt?

INDERGAND Nein.

DIE POLIN Aber Sie haben miteinander geschlafen...

INDERGAND Nein.

DIE POLIN Nein?

INDERGAND Nein!

DIE POLIN Herr Indergand, man hat mich in ganz Polen gesucht. Man hat mir gesagt, es sei eine sehr, sehr wichtige Sache.

INDERGAND Ja.

DIE POLIN Eine Geschichte von früher, wichtig für mein Leben.

(Sie lächelt.)

Hier bin ich, Herr Indergand.

INDERGAND Ja. Eine Geschichte von früher... aber sie war... sie ist...

(Er lächelt scheu.)

DIE POLIN Wollen Sie später reden? Wenn es dunkel ist?

INDERGAND Nein.

DIE POLIN Jetzt?

INDERGAND Ja.

DIE POLIN Ich heiße Olga.

INDERGAND Olga.

(Es nachtet ein.)

INDERGAND Ein schöner Name.

(Stille.)

INDERGAND Olga.

DIE POLIN Soll ich Ihnen helfen? Soll ich sagen, was ich denke?

(Er blickt verzweifelt. Sie versucht tapfer zu lächeln.)

DIE POLIN Sie sind... du bist... bist du..?

INDERGAND Nein.

DIE POLIN Sag es! Bin ich Ihre... deine Tochter?

INDERGAND Nein.

DIE POLIN Meinen Vater habe ich nie gesehen.

INDERGAND Olga, hat sie denn gar nichts erzählt... vom Lager?

DIE POLIN Daß es kalt war.

INDERGAND Ja, verdammt kalt. Dort oben wintert es sogar im August. Wind. Sturm. Schnee.

DIE POLIN *(schaut in die Ferne.)* Mir gefallen diese Berge. Sie müssen gefährlich sein. Steil, aber schön.

INDERGAND Ich hatte mit Ihrer Mutter nur einmal zu tun.

DIE POLIN Ich verstehe.

INDERGAND Nein, das verstehen Sie nicht. Ihre Mutter, Olga, war eine große Künstlerin.

DIE POLIN *(sucht in ihrer Handtasche nach Zigaretten.)* Im Flugzeug habe ich die Zeitung gelesen. Ihr Geburtstag wird in der Schweiz groß gefeiert. Sie haben das Lied der Heimat geschrieben.

INDERGAND Ja.

DIE POLIN In den Zeitungen steht, manchmal hätten Sie falsch gespielt.

(Er erschrickt.)

DIE POLIN Falsche Töne.

INDERGAND Ach so. Ja, manchmal.

DIE POLIN Das sei Ihr berühmter Humor.

INDERGAND Ach ja.

DIE POLIN Mein Gott…! Ich weiß es…!

INDERGAND Ja…?

DIE POLIN Ja! Die Zigaretten!

INDERGAND Was?

DIE POLIN Sie haben meiner Mutter Suppe gegeben! Und Zigaretten! Das waren Sie?!

INDERGAND Wer – –

DIE POLIN Der gute Mensch. Der Mann, der meiner Mutter Suppe und Zigaretten gab.

INDERGAND Das hat sie Ihnen erzählt?

DIE POLIN *(gibt sich Feuer.)* Was haben Sie dafür bekommen..?

INDERGAND Für die Suppe?

DIE POLIN Liebe?

INDERGAND Unser Kommandant war Vater geworden. Wir wollten eine kleine Feier veranstalten. Da fiel mir ein, daß Ihre Mutter komponiert. Wir hatten viele Künstler im Lager. Deutsche, Polen, Kommunisten...

DIE POLIN Damals war Mama etwas jünger als ich.

INDERGAND Ich muß alles korrigieren. Ich muß mein Leben... mein ganzes Leben... für nichtig erklären. Meine Berühmtheit... mein Humor... mein Geld: Alles nur geborgt, Olga. Ge – –

(Er verspürt einen heftigen Schmerz.)

Von dem Lied habe ich fünfzig Jahre gelebt. Mehr als fünfzig Jahre. Es verging kein Tag, ohne daß ich es irgendwo gesungen habe. Sie wollen es hören, wieder und immer wieder, und ich ...

(Er nimmt ihre Hand.)

Ich habe Angst, Olga.

DIE POLIN Ganz ruhig.

INDERGAND Vor Ihnen habe ich Angst.

DIE POLIN Vor mir?

INDERGAND Vor dem Lied.

DIE POLIN Sie sollten sich nicht anstrengen, Herr Indergand.

INDERGAND Ja. Nein. Olga, wer bin ich denn, wenn ich nicht Indergand war, der Komponist meines Liedes?

DIE POLIN Aber das sind Sie doch!

INDERGAND Ja... ich war's.

DIE POLIN Sie sind es!

INDERGAND Ich habe nie mehr Suppe gegessen. Nie mehr. Sie hat recht gehabt. Es war ein schön lüpfiger Abgrund voll guter Suppe. Und ich –

DIE POLIN Sie haben Fieber.

INDERGAND Alles war ein einziger *Schwindel!*

DIE POLIN Ist das Ihr Humor?

INDERGAND Ja. Die Wahrheit ist – – Olga! Olga, die Wahrheit ist, daß Ihre Mutter – –. Ich konnte doch nicht wissen, daß es dermaßen einschlägt.

DIE POLIN Die Liebe?

INDERGAND Die Melodie!

DIE POLIN Entschuldigen Sie, aber ich verstehe nicht.

INDERGAND Ich möchte so nicht sterben, Olga! Sie sollen jetzt wissen, vor aller Welt sollen Sie wissen, daß das Lied… dieses Lied… das Lied der Heimat… – –

Der Doktor, die Schwestern Vroni und Luci, sowie die Insassen des Sonnenberg, lauter Alte und Kranke, erscheinen auf der Terrasse.

DER DOKTOR Herr Indergand, melde Ihnen den Sonnenberg zum Geburtstagsständchen bereit. Wir alle wünschen Ihnen Glück, Gesundheit und einen hochverdienten Abend Ihres erfüllten Künstlerlebens. Und vor allem Herr Indergand, vor allem möchten wir danken. Wir danken Ihnen von Herzen für Ihr Lied. Es ist das reinste Gold – die Seele dieses Landes. Lyrik! Musik! Poesie. Es wird bleiben. Ihr Lied wird bleiben.

INDERGAND Olga… Olga… das Lied…

DIE POLIN Ja?

INDERGAND Das Lied..!

DIE POLIN Ja!

INDERGAND Das Lied hat Ihre Mutter…

DER DOKTOR Alle miteinander – zwo, drei, und!

ALLE *(singen.)*

Wenn i ame Summerabig ime Schiffli zmitzt im See

S Abigrot uf lyse Wälle grad wie Rose ligge gseh,

Und de Seelisberg umrandet vome goldig helle Schy

Ernst und fyrli abelueget, lan i myni Rueder sy.

Ruhig lani s Schiff la trybe, lan es gah wohi dass will.

Alli Sorge, alli Schmärze werdet für es Wyli still.

Übers Wasser schwebt de Fryde bald i färne Gloggetön.

O wie isch das Uferlüüte um myn Abigsee so schön.

Streit en stille, linde Säge mit sich furt vo Hus zu Hus,

S streut en über alli Länder, über alli Mänsche us.

S Schiffli trybt em Land entgäge, dunkli
Schatte styged scho.
Aber tüüf im Härz do singt mys Lied und treit
my immer no.

(Während des Liedes ist Indergand tot zusam-
mengesunken.
Am Himmel glitzern die Sterne.)

DIE POLIN Herr Indergand hat meiner Mama
einen Teller Suppe gegeben. Suppe und Ziga-
retten. 1942. Im Winter. Im Lager. Er war ein
so guter, guter Mensch..?

DER DOKTOR Das Herz.

DIE POLIN Das Lied der Heimat.

(Finis.)

Uraufführung

am 30. April 1998

im Schauspielhaus Zürich

I Auf dem Sonnenberg

DER DICHTER
GOTTFRIED KELLER
Fritz Lichtenhahn/
Jürgen Cziesla

DER OBER
Mathias Gnädinger

VIKTORIA,
EINE SCHAUSPIELERIN
Marianne Thiel

HERMINE, IHRE FREUNDIN
Monique Schwitter

DER SOUCHEF
René Scheibli

EIN GARCON
Werner Hug

HOTELGÄSTE

II Im Lager

DER FELDWEIBEL
HANS INDERGAND
Burghart Klaussner

DIE POLIN OLGA
MARIA KWIATOWSKA
Maren Eggert

DER KORPORAL   Werner Hug

III In der Satellitenstadt

ALI
Ludwig Boettger

LOLA
Tatja Seibt

FISCH
Inigo Gallo

MUTTI
Kathrin Brenk

DIE FRAU
Verena Buss

DER MANN
Joachim Bissmeier

IV Auf dem Sonnenberg

INDERGAND
Burghart Klaussner

DIE POLIN
Maren Eggert

SCHWESTER VRONI
Monique Schwitter

SCHWESTER LUCI Marianne
Thiel

DER DOKTOR
René Scheibli

PATIENTEN DES SANATORIUMS

INSZENIERUNG
Werner Düggelin

BÜHNENBILD
Rolf Glittenberg

KOSTÜME
Dorothea Wimmer

MUSIK
Daniel Fueter

DRAMATURGIE
Reinhard Palm/Bruno Hitz